BEI GRIN MACHT SICH IHR WISSEN BEZAHLT

- Wir veröffentlichen Ihre Hausarbeit,
  Bachelor- und Masterarbeit

- Ihr eigenes eBook und Buch -
  weltweit in allen wichtigen Shops

- Verdienen Sie an jedem Verkauf

Jetzt bei www.GRIN.com hochladen und kostenlos publizieren

Können und sollen Maschinen moralisch handeln? Eine qualitativ strukturierte Inhaltsanalyse über künstliche Intelligenz und moralische Urteilsfähigkeit

Jana Breitenberger

Bibliografische Information der Deutschen Nationalbibliothek:

Die Deutsche Nationalbibliothek verzeichnet diese Publikation in der Deutschen Nationalbibliografie; detaillierte bibliografische Daten sind im Internet über http://dnb.d-nb.de abrufbar.

ISBN: 9783346718198
Dieses Buch ist auch als E-Book erhältlich.

Druck und Bindung: Books on Demand GmbH, Norderstedt Germany
Gedruckt auf säurefreiem Papier aus verantwortungsvollen Quellen

Das vorliegende Werk wurde sorgfältig erarbeitet. Dennoch übernehmen Autoren und Verlag für die Richtigkeit von Angaben, Hinweisen, Links und Ratschlägen sowie eventuelle Druckfehler keine Haftung.

Das Buch bei GRIN: https://www.grin.com/document/1272692

Forschungsbericht

Modul: Qualitative Datenanalyse

Alternative: C: Können und sollen Maschinen moralisch handeln? Eine qualitativ strukturierte Inhaltsanalyse über künstliche Intelligenz und moralische Urteilsfähigkeit

Abgegeben am 07.01.2022 über den E-Campus

SRH Fernhochschule

von

Jana Breitenberger

Inhaltsverzeichnis

Abbildungsverzeichnis

Abkürzungsverzeichnis

Abb.	Abbildung
AI	Artificial Intelligence
AM	Artificial Morality
AMA	Artificial Moral Agents
APuZ	Aus Politik und Zeitgeschichte
Bspw.	Beispielsweise
Bzw.	beziehungsweise
Ggf.	gegebenenfalls
KI	Künstliche Intelligenz
RPA	Roboterbasierte Prozessautomatisierung
Vgl.	Vergleiche

Anlagenverzeichnis

1. Einleitung

„By far the greatest danger of Artificial Intelligence is that people conclude too early that they understand it."[1]

Die Zukunft gehört Intelligenten Maschinen. Aber was genau macht diese Maschinen intelligent und was befähigt sie, autonom zu handeln? Mittlerweile gibt es Roboter, die, fast wie ein Mensch, zugreifen, joggen und springen können. Woher aber weiß er, was er tut und wenn er es nicht weiß, ist das nun gut oder schlecht?[2] In vielen alltäglichen Situationen findet Künstliche Intelligenz heutzutage bereits ihre Anwendung, sei es als Sprachassistent (beispielsweise Siri oder Alexa), personalisierte Werbeanzeigen auf diversen Social Media Plattformen, Fahrassistenzsysteme (Abstandsregler, Schildererkennung, usw.) oder auch diverse Smart Home Apps.[3] Bisher war das selbständige Treffen von Entscheidungen rein den Menschen vorbehalten. Diese Entscheidungsstrukturen nachzubilden, soll nun auf Maschinen übertragen werden.[4]

1.1. Problemstellung

Pflegenotstand, Arbeitskräftemangel, autonomes Fahren oder ganz banale Prozessoptimierung.[5] Künstliche Intelligenz ist längst nicht mehr nur Technologische Zukunftsmusik, sondern mittlerweile ausgereift, verfügbar und erschwinglich und auch bereits im Einsatz. KI-Systeme unterstützen Menschen bei ihren täglichen Aufgaben, um diese präziser und effizienter auszuführen.[6] Künstliche Intelligenz stellt die Nachahmung menschlicher Problemlösungsfähigkeiten mittels Computer dar, ohne dabei ein Lebewesen zu sein.[7] Die Maschine soll den Menschen also in den verschiedensten Lebenszusammenhängen effektiv unterstützen. Roboter werden also zu Dienstleistern. Es stellt sich jedoch die Frage, welche Fähigkeiten und Eigenschaften diese Roboter besitzen sollten.[8] Roboter agieren in direktem Menschenkontakt, wird KI innerhalb Kontrollalgorithmen eingesetzt, erfordert dies hohe Standards bei der Einhaltung von Sicherheitsstandards.[9] Solche sensomotorische Maschinen, also soziale Roboter, die für

[1] *Yudkowsky* (2008), S. 309
[2] Vgl. *Misselhorn/Peitz* (2018), S. 1
[3] Vgl. *Buxmann/Schmidt* (2021), S. 3; *Luber/Litzel* (2016)
[4] Vgl. *Lexa* (2021), S. 29
[5] Vgl. *Janowski/Ritschel/Lugrin/André* (2019), S. 63; *Bendel* (2021), S. 3; *Krenn* (2019), S. 307
[6] Vgl. *Lufthansa* (2021)
[7] Vgl. *Krüger* (2021), S. 71
[8] Vgl. *Mainzer* (2019), S. 139
[9] Vgl. *Krenn* (2019), S. 308

den Umgang insbesondere mit Menschen geschaffen wurden, verbreiten sich immer mehr und werfen immer größere Herausforderungen in Bezug auf die Maschine-Mensch-Kooperation auf.[10]

1.2. Zielsetzung

Grundlage der vorliegenden Arbeit bildet die dargestellte Problematik, Notstände und Mängel zukünftig maschinell und mit Künstlicher Intelligenz zu bekämpfen. Sobald Roboter Aufgaben übernehmen, die bisher lediglich durch Menschen ausgeführt wurden,[11] kommt die Frage zu moralischer Urteilsfähigkeit auf. Verfügen Maschinen generell über diese Art der Urteilsfähigkeit und wie diese sinnvoll genutzt werden kann. Der Texbeitrag „Maschinenethik und „Artificial Morality": Können und sollen Maschinen moralisch handeln?" widmet sich eben diesen Fragestellungen. Eine Dokumentenanalyse des im Jahr 2018 erschienenen Textes in der Zeitschrift „Aus Politik und Zeitgeschichte" soll darüber Aufschluss geben. Ziel dieser Arbeit soll sein, mit Hilfe der strukturierten Analyse eine Auswertung des untersuchten Materials zu erhalten, um anschließend mittels der Ergebnisse die Fragestellung beantworten zu können. Hierfür wird eine strukturierte Inhaltsanalyse durchgeführt mit Hilfe abgeleiteter Forschungs- und Teilforschungsfragen und eines Kategorie Schemas durchgeführt. Dieses bildet im weiteren Verlauf die Basis der theoretischen Grundlagen.

1.3. Aufbau der Arbeit

Die vorliegende Arbeit startet mit der Einleitung sowie Problemstellung. Anschließend folgt in Kapitel zwei die Definition theoretischer Grundlagen, wobei zuerst die beiden Begriffe Künstliche Intelligenz und Artificial Morality definiert werden. In diesem Zusammenhang wird auch die Moral an sich und das Stufenmodell moralischer Entwicklung nach Lawrence Kohlberg genauer betrachtet.

Auf diesen theoretischen Grundlagen basierend folgen die Ableitung der Forschungsfragen sowie die Teilforschungsfragen.

In Kapitel drei folgt die Vorstellung der Methodik. Dies beinhaltet die Erläuterung des allgemeinen Ablaufs qualitativer Inhaltsanalysen, als auch die Beschreibung des Textes, welcher untersucht wurde. Zum Abschluss von Kapitel drei wird das Kategorie Schema aufgezeigt, welches in Haupt- und Subkategorien unterteilt ist. Dabei wird, aufgrund des

---

[10] Vgl. *Bendel* (2021), S. 3-4
[11] Vgl. *Krüger* (2021), S. 71

begrenzten Umfangs, eine kategorienbasierte Auswertung anhand der Hauptkategorien vorgenommen und mit Ankerzitaten belegt.

Im vierten Kapitel werden die einzelnen Kategorien der qualitativen Inhaltsanalyse und deren Ergebnisse vorgestellt. Diese Ergebnisse werden anschließend im fünften Kapitel in Bezug auf die Forschungsfragen interpretiert und diskutiert. Anschließend folgt eine kritische Würdigung des eigenen Vorgehens, bevor die vorliegende Arbeit mit einem Fazit endet.

2. Theoretische Grundlagen

In diesem Kapitel werden die theoretischen Hintergründe, beschrieben, Definitionen erläutert sowie der aktuelle Entwicklungsstand dargestellt.

2.1. Definitionen und aktueller Entwicklungsstand

Künstliche Intelligenz (KI) ist in aller Munde, sie stellt einen entscheidenden Motor, ja sogar den game changer für die weitere wirtschaftliche Entwicklung dar. Grundsätzlich bedeutet Künstliche Intelligenz nichts anderes, als die Fähigkeit einer computergesteuerten Software, Aufgaben zu lösen, welche normalerweise durch intelligente Wesen gelöst werden. Kurz gesagt also der Versuch, Entscheidungsstrukturen eines Menschen so nachzubilden, dass eine gewisse Eigenständigkeit erreicht wird.[12]

1950 formulierte Alan Turing ein Vorgehen, welches die künstliche Intelligenz mit der des Menschen vergleicht. So soll eine Maschine dann künstlich intelligent sein, wenn das Gegenüber nicht mehr in der Lage ist zu unterscheiden, ob mit einem Menschen oder einer Maschine kommuniziert wird. Dabei fehlt der damaligen KI jedoch Bewusstsein, Emotion, eigene Handlungskontrolle oder auch Kreativität, eben alle Leistungen, die menschlicher Intelligenz zugeschrieben werden.[13] Schlussendlich geprägt wurde der Begriff der Künstlichen Intelligenz, oder auch Artificial Intelligence, von John McCarthy. Dieser initiierte 1956 eine Konferenz mit dem Ziel, Merkmale von Intelligenz und Aspekte des Lernens so genau wie möglich zu formulieren, um von Maschinen nachgeahmt zu werden.[14] Die folgende Grafik zeigt die Entwicklung der Reputation Künstlicher Intelligenz im Zeitstrahl:

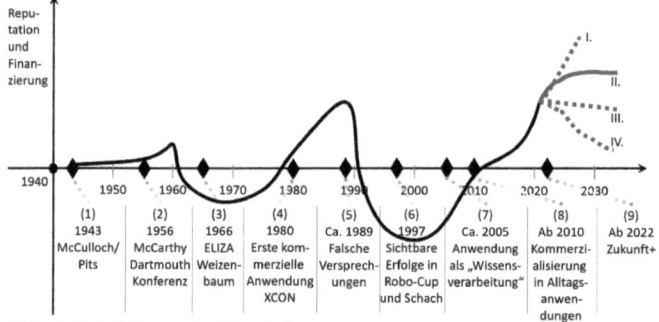

Abb. 1: Entwicklung der Künstlichen Intelligenz.
(Quelle: *Teich* (2020), S. 277).

---

[12] Vgl. *Lexa* (2021), S. 29-30; *Paaß/Hecker* (2020), S. 1
[13] Vgl. *Scheuer* (2020), S. 7-8
[14] Vgl. *Teich* (2020), S. 277

In der Zwischenzeit bis in etwa 2010 erlebte Künstliche Intelligenz mehrere Hochs und Tiefs in ihrer Reputation. 2010 begann die Kommerzionalisierung der KI und das Ansehen von KI steig. Es stehen seither genügend Bausteine bereit, um im Alltag angewendet werden zu können, da auch der Markt mittlerweile über spezialisierte Produkte verfügte und zu wachsen begann.[15]

Dabei wird zwischen so genannter starker und schwacher Künstlicher Intelligenz unterschieden werden. Starke KI stellt dabei alle Ansätze dar, die den Versuch unternehmen, das menschliche Gehirn zu imitieren und abzubilden. Merkmale hiervon stellen beispielsweise die menschliche Empathie oder das Bewusstsein dar. Das Nachbilden menschlicher Denkprozesse oder Kreativität zu imitieren, ist in der heutigen Zeit jedoch noch nicht möglich. Schwache KI hingegen sind bereits in der heutigen Zeit machbar und werden beispielsweise als implementierte Softwarelösungen beschrieben. Hierbei geht es mehr darum, für bestimmte und abgegrenzte Problemstellungen gezielt Algorithmen zu entwickeln, die eine gewisse Lernfähigkeit besitzen.[16]

Auch schon schwache KI hat einen starken Einfluss auf alle Bereiche der Wirtschaft, vergleichbar mit der Elektrizität oder der Dampfmaschine. Aber auch deren Effekte haben sich nicht über Nacht eingestellt. Gleichfalls müssen für Künstliche Intelligenz erst Spezialisten ausgebildet, Daten aufbereitet und Modelle entwickelt werden. Es muss also erst einmal investiert werden, bevor sich damit operative Kosten senken lassen und die interne Effizienz gesteigert werden kann. Einige Unternehmen nutzen die Künstliche Intelligenz bereits, insbesondere zur Umsatzsteigerung oder zur Erschließung neuer Märkte. Insbesondere Google, Amazon und Facebook sind wesentliche Investoren in Künstliche Intelligenz und ziehen ihre Wettbewerbsvorteile aus der KI. Diese neuen digitalen Geschäftsmodelle treiben die digitale Ökonomie an. Jedoch steht die Künstliche Intelligenz in Deutschland noch am Anfang der Entwicklung. In den meisten Unternehmen geht die Nutzung nicht über Einzelprojekte hinaus.[17] Trotz Misstrauen steigt jedoch die Einsatzbereitschaft und bis 2029 wird KI als Massenphänomen prognostiziert. Bereits heute sind die Anwendungsbereiche zahlreich: Wettbewerbsspiele, automatisierte Bilderkennung, Massendatenberechnung und -verarbeitung, Sprachmanipulationen, Maschinenlernen (was

---

[15] Vgl. *Teich* (2020), S. 277-278
[16] Vgl. *Buxmann/Schmidt* (2021), S. 6-7
[17] Vgl. *Buxmann/Schmidt* (2021), S. 27-28; *van Giffen/Borth/Brenner* (2020), S. 5

den Ursprung der KI darstellt), Wissen ausdrücken, aus Texten Wissen herauslesen und anschließend Handlungen daraus vorzubereiten.[18]

In diesem Zusammenhang kommt der Begriff **Artificial Morality (AM)** ins Spiel. Die Leistungsfähigkeit von Menschen soll durch Künstliche Intelligenz von auf Maschinen übertragen werden, was weitere Anforderungen und insbesondere ethische Fragestellungen aufwirft. Durch intelligente Sensoren, wie beispielsweise beim autonomen Fahren, wird Künstliche Intelligenz im Alltag omnipräsent. Jedoch ergeben sich somit nicht nur Chancen. Ethische Anforderungen wurden zeitlebens nur an den Menschen gerichtet und bisher nur an Maschinen übertragen. Würde sich die Ethik direkt an die Maschinen richten, würden sich geeignete Formulierungen für eine starke KI bilden, was eine Maschinenethik, auch Artificial Morality genannt, notwendig machen würde.[19] Diese AM würde es Maschinen ermöglichen, auf moralischer Basis Handlungsentscheidungen zu treffen und diese auszuführen.[20] Insbesondere mit autonom fahrenden Fahrzeugen kommt häufig die Diskussion auf, wie eine KI mit ethischen Normen und Werten ausgestattet werden kann.[21] Hier kommt die Entwicklung so genannter moralischer Agenten (Artificial moral agents, AMA) ins Spiel. Sie bilden jedoch keinen Ersatz der moralischen Verantwortung des Anwenders, jedoch erleichtern sie die ethische Nutzung der Maschinen. Hierfür ist jedoch die Sensibilität ethischer Verhaltensweisen innerhalb der Software notwendig.[22]

Ethik und **Moral** werden oftmals synonym verwendet. Homan und Lütge sehen diesen Vergleich kritisch und distanzieren sich davon. Sie beschreiben Moral eher als ein Gebilde aus Regeln und Normen, welche das Handeln der Menschen bestimmen. Wird dabei eine Schwelle übertreten, kommt es zu Schuldvorwürfen gegenüber anderen oder sich selbst.[23] Die Moral fungiert als System, einem Zusammenschluss aus Werten und Überzeugungen und dem Urteilen zwischen falsch und richtig über menschliches Handeln.[24] Immer dann, wenn die angewandten Regeln und gelebten Werte dem Wohl der Gesamtheit dienen und betroffene Menschen vor dem Handeln anderer geschützt werden sollen, spricht man von

---

[18] Vgl. *Teich* (2020), S. 278
[19] Vgl. *Wittpahl* (2019), S. 242-244
[20] Vgl. *Allen/Smit/Wallach* (2005), S. 149
[21] Vgl. *Teich* (2020), S. 283
[22] Vgl. *Allen/Smit/Wallach* (2005), S. 149
[23] Vgl. *Homan/Lütge* (2005), S. 12
[24] Vgl. *Gerring/Graf/Zimbardo* (2013), S. 406

Moral.[25] Doch was ist richtig? Und was ist falsch? Die bloße Kenntnis und Akzeptanz der moralischen Regeln reichen nicht aus, um moralisches Handeln zu erwarten. Hierfür benötigt es Motivation, auch moralische Motivation genannt. Individuen müssen bestimmte Situationen als moralisch wahrnehmen, um schlussendlich moralisch bedeutsame Emotionen zu entwickeln, um anschließend auch moralisch handeln zu können.[26]

Das Wahrnehmen einer moralischen Situation wird **moralische Urteilsfähigkeit** genannt. Woran also ein Mensch festlegt, was für ihn richtig oder falsch ist. Mit der moralischen Urteilsfähigkeit wird somit auch festgelegt, welche Regeln in einer Gesellschaft moralische Akzeptanz finden. Lawrence Kohlberg gilt als einer der wichtigsten Begründer moralischer Urteilsfähigkeit. Die Wurzeln, wodurch moralische Urteilsfähigkeit entwickelt werden kann, werden bereits in der Kindheit während der kognitiven Entwicklung verankert. Ab dem frühen Jugendalter herrscht eine autonome Moral. Ab diesem Zeitpunkt enthalten Urteile Heranwachsender Handlungsmotive und Fairness, man handelt demnach so, wie man selbst gerne behandelt werden möchte.[27]

2.2. Moralische Entwicklung: Stufenmodell nach Kohlberg

Lawrence Kohlberg setzt an dem zuvor beschriebenen Ansatz moralischer Entwicklung an, legt dabei seinen Fokus jedoch auf die gesamte Lebensspanne und nicht nur das Kindesalter. Er untersuchte hierfür das Verhalten von mehreren Probanden hinsichtlich moralischer Fragestellungen anhand diverser Dilemma-Situationen und entwickelte somit ein Stufenmodell. Jede Stufe bildet dabei eine andere Basis für moralische Urteile.[28] Kohlbergs Stufenmodell beschreibt die Moralentwicklung anhand drei Stadien:

Stadium	Stufe	Orientierung des Urteils
Präkonventionelles Stadium	1	Orientierung an Strafe und Gehorsam
	2	Orientierung am Kosten-Nutzen-Prinzip und Bedürfnisbefriedigung
Konventionelles Stadium	3	Orientierung an interpersonellen Beziehungen und Gegenseitigkeit
	4	Orientierung am Erhalt der sozialen Ordnung
Postkonventionelles Stadium	5	Orientierung an den Rechten aller als Prinzip
	6	Orientierung an universellen ethischen Prinzipien

---

[25] Vgl. *Horster* (2007), S. 7
[26] Vgl. *Horster* (2007), S. 83
[27] Vgl. *Gerring/Graf/Zimbardo* (2013), S. 406
[28] Vgl. *Gerring/Graf/Zimbardo* (2013), S. 406; *Lohaus/Vierhaus* (2019), S. 263-264

Abb. 2: Stufenmodell moralischen Urteils nach Kohlberg
(Quelle: *Lohaus/Vierhaus* (2019), S. 264)

Zur Einordnung der moralischen Stufen ist die Art und Weise der ausschlaggebend, wie Urteile gefällt und begründet werden. Die Entscheidung selbst ist weniger relevant.[29] Die einzelnen Stufen des oben abgebildeten Modells können wie folgt interpretiert werden:

Stufe eins folgt dabei der egozentrischen Perspektive. Um negative Konsequenzen zu vermeiden, werden Regeln befolgt, der Gehorsam hat einen hohen Stellenwert. Das eigene Ergebnis steht an erster Stelle, somit entstehen moralische Urteile egozentrisch. In **Stufe zwei** werden Regeln befolgt, die persönlichen Interessen dienen. Der eigene Nutzen soll maximiert werden. Es liegt eine Kosten-Nutzen-Orientierung vor. Dabei wird erkannt, dass Interessen durchaus in Konflikt zueinanderstehen können. Auch wenn die individualistische Perspektive bevorzugt wird, so herrscht dennoch eine strategische Tauschgerechtigkeit. Die konventionelle Moral wird in **Stufe drei** erreicht. Soziale Anerkennung und das Vermeiden von Ablehnung stehen im Vordergrund. Das Individuum ist in der Lage Empathie und moralische Erwartungen zu erkennen, zu erfüllen und entsprechend moralische Urteile zu treffen. In **Stufe vier** hat der Erhalt sozialer Ordnung oberste Priorität. Urteilende richten ihr Verhalten danach aus, dass Systeme und Institutionen funktionieren und der Fokus nicht mehr bei einem selbst sondern auf dem Wohl der Gesellschaft liegen. Die **Stufen fünf und sechs** gehören dem Niveau Postkonventioneller Moral an. Das bedeutet, dass das Recht aller sowie die Orientierung an universellen ethischen Prinzipien an oberster Stelle stehen. Kohlberg selbst ist jedoch der Ansicht, dass diese beiden Stufen von vielen Erwachsenen gar nicht erreicht werden, da eine der Gesellschaft übergeordnete Perspektive eingenommen werden muss. Gemäß Kohlberg werden Urteile immer nach der am höchsten erreichbaren Stufe gefällt, alle geringeren Stufen sind dabei inkludiert. Mit verschiedenen Dilemma Situationen können Individuen eine höhere Stufe erreichen und somit ihre moralische Entwicklung verbessern.[30]

2.3. Zusammenfassung der theoretischen Inhalte

Seit Jahrzehnten ist der Begriff der Künstlichen Intelligenz in der Forschung verankert. Stetig weiterentwickelt ist die Künstliche Intelligenz in Form von Chatbots, Spracherkennung oder als Roboterbasierte Prozessautomatisierung in den meisten Unternehmen allgegenwärtig. Künstliche Intelligenz hat schleichend Einzug in das alltägliche Leben genommen. Die

---

[29] Vgl. *Fritz et al.* (2019), S. 79; *Lohaus/Vierhaus* (2019), S. 264
[30] Vgl. *Fritz et al.* (2019), S. 79-80; *Lohaus/Vierhaus* (2019), S. 264-266

aktuell vorherrschenden Arten Künstlicher Intelligenz wird als schwache KI bezeichnet. Sie kann konkrete Anwendungsprobleme lösen und durch permanentes Wiederholen ihre Algorithmen optimieren, wodurch sie sich an neue und unbekannte Situationen anpassen kann. Lediglich die menschliche Denkweise unterscheidet die starke KI von dieser schwachen KI. Auch die starke KI besitzt diese Lernfähigkeit, sie kann jedoch noch viel weiter mit menschlichen Denkweisen verglichen werden und ihre geistigen Fähigkeiten sogar übertreffen. Diese Form der KI existiert jedoch noch nicht.

Zukünftig soll durch Künstliche Intelligenz die Leistungsfähigkeit der Menschen auf Maschinen übertragen werden, welche dann vor der Herausforderung stehen werden, moralische Entscheidungen zu treffen. Die Entwicklung dieser Artificial Morality könnten Systeme sensibel auf ethische Fragestellungen reagieren und auf Grundlage dieser Entscheidungen treffen. Diese ethischen Anforderungen wurden bisher nur an Menschen gestellt und die so genannte Maschinenethik wirft die Frage auf, ob Maschinen generell moralisch handeln können sollten.

Moralisches Handeln zeichnet sich dadurch aus, dass bestimmte Regeln eingehalten werden und Handlungen innerhalb gewisser Normen und Werte, welche das Wohlbefinden der Gesellschaft sicherstellen sollen, stattfinden. Für das Zusammenleben einer Gesellschaft ist moralisches Handeln ausschlaggebend, auch wenn sich dabei die moralische Urteilsfähigkeit von Individuum zu Individuum unterscheidet. Diese legt fest, ob das eigene Handeln für richtig oder falsch empfunden wird und definiert Regeln innerhalb der Gesellschaft, die als moralisch akzeptabel eingestuft werden. Bis zum Erwachsenenalter hin wird dabei mindestens Stufe vier in Kohlbergs Stufenmodell moralischer Entwicklung erreicht, wobei das Handeln unter Einhaltung von Regeln und Gesetzten und ganz zum Wohle der Gesellschaft stattfindet.

2.4. Formulierung der Forschungsfragen

Von den vorgestellten theoretischen Grundlagen und dem vorliegenden Textbeitrag von Cathrin Misselhorn aus 2018 lassen sich folgende Forschungsfrage sowie drei zugehörige Teilforschungsfragen ableiten:

Forschungsfrage:
Besitzen Maschinen die Fähigkeit, moralisch zu urteilen und können sie diese moralische Urteilsfähigkeit sinnvoll nutzen?

Teilforschungsfrage 1:

Welche Veränderungen gehen mit der Nutzung moralischer Maschinen in den einzelnen Anwendungsbereichen einher?

Teilforschungsfrage 2:

Welche Fähigkeiten müssen Maschinen beherrschen, um moralisch zu handeln?

Teilforschungsfrage 3:

Welche Chancen und Risiken ergeben sich durch den Einsatz von moralischen Maschinen?

3. Methode

In diesem Kapitel wird zunächst der allgemeine Ablauf einer qualitativen Inhaltsanalyse vorgestellt sowie der Text, den es zu analysieren gilt, beschrieben. Anschließend wird das Kategorie Schema abgeleitet.

3.1. Qualitative Inhaltsanalysen: Begriff und Ablauf

Eine qualitative Inhaltsanalyse stellt eine Methode zur Auswertung von Texten dar, die im Rahmen von sozialwissenschaftlichen Forschungsprojekten zur Datenerhebung angefallen sind. Hierunter fallen beispielsweise Beobachtungsprotolle, Transkripte aus offenen Interviews oder auch offene Fragen aus standardisierten Befragungen. Die, im Vergleich zu anderen textanalystischen Methoden, am häufigsten angewendete qualitative Inhaltsanalyse kann große Materialmengen bewältigen, bleibt im ersten Schritt jedoch qualitativ-interpretativ und erfasst somit auch latente Sinngehalte. Intersubjektiv überprüfbar und streng regelgeleitet im Vorgehen basieren die inhaltsanalytischen Regeln auf linguistischen und psychologischen Theorien alltäglichen Textverständnisses. Wichtigstes Unterscheidungskriterium zu anderen Verfahren stellt die Katergoriengeleitetheit dar.[31] „*Kategorien* stellen Analyseaspekte als Kurzformulierungen dar, sind in der Formulierung mehr oder weniger eng am Ausgangsmaterial orientiert und können hierarchisch geordnet sein…"[32]. Aufgrund dieser hierarchischen Ordnung werden Formulierungen in Ober- und Unterkategorien aufgeteilt. Dieses zusammenstellen der Kategorien stellt das eigentliche Instrumentarium qualitativer Inhaltsanalysen dar. Mit diesem Kategoriensystem wird das Material bearbeitet, wodurch nur kategorienbezogene Textstellen berücksichtigt werden.[33]

Folgende sechs Punkte bedingen eine kategoriengeleitete, qualitative Inhaltsanalyse:

- Kommunikationsanalyse
- Analyse fixierter Kommunikation (in irgendeiner Form protokolliert)
- Systematisches Vorgehen
- Regelgeleitetes Vorgehen zur nachvollziehbaren und verständlich gestalteten Analyse
- Theoriegeleitetes Vorgehen um auf Basis theoretischer Fragestellungen zu analysieren
- Schlussfolgernde Methode zur Rückschließung auf explizit festgelegte Aspekte.[34]

Das vorliegende Textmaterial wird systeamtisch untersucht und mit Hilfe von Codierregeln eindeutig Kategorien zugeordnet. Diese Kategorien müssen formale Anforderungen

---

[31] Vgl. *Mayring* (2019), S. 633-634; *Kuckartz* (2018), S. 97
[32] *Mayring* (2019), S. 634
[33] Vgl. *Mayring* (2019), S. 634-635
[34] Vgl. *Mayring* (2015), S. 13

erfüllen: so sollten sie voneinander unabhängig sein und sich und alle relevanten Ausprägungen ausschließen. Anschließend kommt ein mehrstufiges Verfahren zur Anwendung, um Kategorien zu bilden und zu codieren. Ein Codierleitfaden dient als Hilfsmittel und enthält Kategorie Definitionen, Ankerbeispiele und Codierregeln.[35]

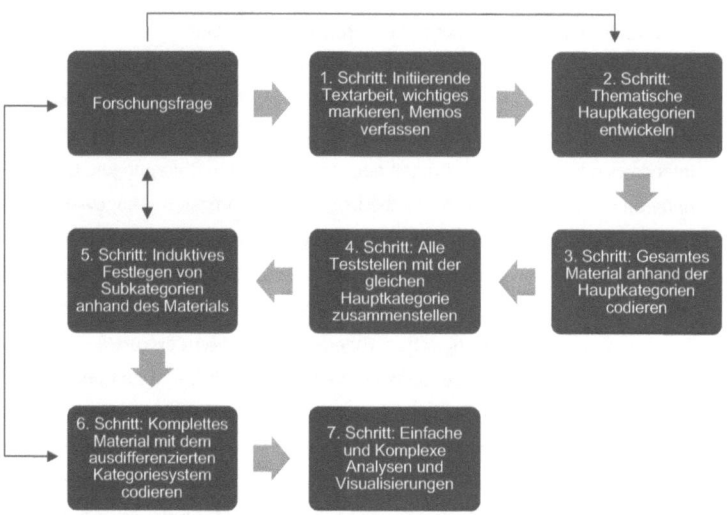

Abb. 3: Ablauf einer strukturierten Inhaltsanalyse.
(Quelle: Eigene Darstellung, in Anlehnung an Kuckartz (2018), S. 100).

Nachfolgend erfolgt eine Beschreibung des zu analysierenden Textes, der anschließend anhand des Kategorieschemas in Haupt- und Subkategorien unterteilt wird.

3.2. Beschreibung des zu analysierenden Textes

Der Artikel „Maschinenethik und „Artificial Morality": Können und sollen Maschinen moralisch handeln?" kann in vier Abschnitte gegliedert werden. Beginnend mit der Einleitung, in welcher die Bedeutung von Maschinen und der Zusammenhang mit Künstlicher Intelligenz im Allgemeinen verdeutlicht wird, wird ebenso der Unterschied zwischen Artificial Intelligence und Artificial Morality aufgezeigt. Mögliche Anwendungsbereiche moralischer Maschinen werden im zweiten Abschnitt aufgezeigt. Des Weiteren werden Hindernisse beschrieben, die sich in Bezug auf moralische

---

[35] Vgl. *Kuckartz* (2018), S. 97-98

Entscheidungen in der Anwendung ergeben können. Ob Maschinen generell moralisch handeln können, wird in Abschnitt drei beantwortet. Die Autorin geht hier auf die Bedeutung moralischer Handlungsfähigkeit und die kritische Übertragung auf Maschinen ein. Ob Maschinen moralisch handeln sollen, wenn sie dazu in der Lage sind, ist Thema des vierten Abschnitts. Hierfür werden Chancen und Risiken aufgezeigt, welche dabei entstehen können, sollten Maschinen moralisch handeln. Die Abschließende Beantwortung der Frage bleibt jedoch offen.

Der beschriebene Artikel wurde in deutscher Sprache von Catrin Misselhorn verfasst und am 05. Februar 2018 in der Zeitschrift APuZ (Aus Politik und Zeitgeschichte) in der Ausgabe 6-8/2018 des 68. Jahrgangs veröffentlicht, umfasst circa 20.000 Zeichen (Literaturverweise und Fußnoten nicht mitgezählt) auf den Seiten 29-33. Frau Misselhorn ist Direktorin des Instituts für Philosophie der Universität Stuttgart. Zudem hat sie den Lehrstuhl für die Fachbereiche Wissenschaftstheorie und Technikphilosophie inne.

3.3. Ableitung des Kategorie Schemas

Im Anschluss an die Formulierung der Forschungs- und Teilforschungsfragen folgt die initiierende Textarbeit. Der vorliegende Textbeitrag wurde hierfür gründlich gelesen und durch Markierung relevanter Textstellen bearbeitet. Im Anschluss an diese Analyse beginnt die Entwicklung der thematischen Hauptkategorien, wofür unter Berücksichtigung der theoretischen Grundlagen sowie der Forschungsfragen die jeweiligen Hauptkategorien schlussfolgernd abgeleitet werden. Von dieser Basis ausgehend ergeben sich folgende Hauptkategorien: *Anwendungsbereiche moralischer Maschinen, Benötigte Fähigkeiten, Chancen* und *Risiken*.

Im ersten Codier Vorgang wurde der vorliegende Textbeitrag Zeile für Zeile analysiert und zugehörige Textpassagen der jeweiligen Hauptkategorie zugeordnet. Die codierten Textstellen wurden anschließend sortiert und gruppiert und einer der daraus entstehenden Subkategorie zugeordnet. Da sich die Subkategorien aus direkt aus dem Textmaterial ergeben haben, handelt es sich bei diesem Vorgehen um die so genannte induktive Methode.[36]

Dem zweiten Codier Vorgang liegt das Kategorie Schema zugrunde und die einzelnen codierten Teststellen werden den gebildeten Subkategorien zugeordnet. Die Subkategorien

---

[36] Vgl. *Kuckartz* (2018), S. 101-102

können hier noch modifiziert werden. Das Ergebnis stellt die folgende Auflistung der Haupt- und Subkategorien dar:

1. Anwendungsbereiche moralischer Maschinen
   a. Bereiche
   b. Entstehende Risiken
   c. Gründe für den Einsatz von KI
2. Benötigte Fähigkeiten
   a. Selbstursprünglichkeit
   b. Handeln aus Gründen
   c. Moralische Urteilsfähigkeit
   d. Willensfreiheit
3. Chancen
   a. Positive Auswirkungen
   b. Wissenschaftliche Erkenntnisse
   c. Unvermeidbarkeit
   d. Irrationaler Entscheidungen Vermeiden
   e. Moral vereinheitlichen
4. Risiken
   a. Situatives Handeln
   b. Verantwortungslücken
   c. Kontrollverlust
   d. Ethische Grundlagen

Im Anschluss an die Ausarbeitung des Kategorie Schemas folgt der abschließende siebte Teil der Analyse.[37] Die Kategorienbasierte Auswertung erfolgt in dieser Ausarbeitung aufgrund des begrenzten Umfangs anhand der vorliegenden Hauptkategorien, die Ergebnisse werden entsprechend mit Ankerzitaten belegt.

---

[37] Vgl. *Kuckartz* (2018), S. 103-106

4. Ergebnisse

Die Ergebnisse der durchgeführten strukturierten Inhaltsanalyse sollen in diesem Kapitel dargestellt werden. Mit Blick auf die Forschungs- und Teilforschungsfragen sollen zentrale Aussagen der Haupt- und Subkategorien dargestellt werden.

4.1. Anwendungsbereiche von moralischen Maschinen (Hauptkategorie eins)

Die erste Teilforschungsfrage (Welche Veränderungen gehen mit der Nutzung moralischer Maschinen in den einzelnen Anwendungsbereichen einher?) bezieht sich auf die Veränderungen, welche durch den Einsatz moralischer Maschinen in den unterschiedlichsten Anwendungsbereichen entstehen. Demnach orientiert sich die erste Hauptkategorie an eben diesen Anwendungsbereichen und eine detaillierte Untersuchung des vorliegenden Textes zeigt, dass sich Veränderungen je nach Einsatzgebiet ergeben. Aufgrund dessen ergeben sich die Subkategorien *Bereiche, Entstehende Risiken* und *Gründe für den Einsatz von KI.*

Künstliche Intelligenz wird zukünftig in immer mehr Bereichen angewendet werden und auch angewendet werden müssen. Insbesondere die Altenpflege stellt ein enorm wichtiger *Anwendungsbereich* für Künstliche Intelligenz dar. „Künstliche Maschinen werden immer wieder als eine Möglichkeit ins Spiel gebracht, um dem Pflegenotstand entgegenzutreten."[38] Schon jetzt gibt es mehr Pflegebedürftige als Pflegepersonal, Tendenz steigend. Um eine adäquate Versorgung zu gewährleisten, müssen andere Wege zur Sicherung der Pflege gesucht werden.

Auch die Automobilbranche stellt einen weiteren Anwendungsbereich für Künstliche Intelligenz dar. Insbesondere das autonome Fahren stellt die Branche vor große Herausforderungen, denn „[...] vollautomatisierte Fahrzeuge stehen vor moralischen Entscheidungen."[39]

Auch in militärischen Bereichen findet Künstliche Intelligenz ihre Anwendung. Autonome Maschinen können in Kriegssituationen das Riskieren von Menschenleben verhindern. Für jedes dieser Anwendungsbereiche stellt Künstliche Intelligenz einen Vorteil dar. Dabei entsteht jedoch in jedem genannten Anwendungsbereich das *Risiko* moralischer Entscheidungsfindung. „In all diesen Situationen muss ein künstliches System zwischen

---

[38] *Misselhorn* (2018), S. 29 Abs. 4
[39] *Misselhorn* (2018), S. 30 Abs. 2

bestimmten moralischen Werten abwägen"[40]. Insbesondere in solchen Dilemma Situationen, wenn Maschinen beispielsweise über Menschenleben entscheiden müssen, wird es problematisch. Nichtsdestotrotz gibt es einige Einsatzsituationen, welche den *Einsatz moralischer Maschinen* befürworten, beispielsweise „aufgrund von Personalmangel, weil schnelle Entscheidungen von Nöten sind oder weil menschliches Eingreifen selbst einen Risikofaktor darstellt."[41] In bestimmten Bereichen können moralische Maschinen menschliches Personal ersetzen. Insbesondere, wenn auf Personalmangel werden muss oder Menschenleben gerettet werden kann, stellen moralische Maschinen eine wirkliche Alternative dar.

4.2. Benötigte Fähigkeiten (Hauptkategorie zwei)

Die zweite Teilforschungsfrage (Welche Fähigkeiten müssen Maschinen beherrschen, um moralisch zu handeln?) bezieht sich die verschiedenen Fähigkeiten, welche moralische Maschinen beherrschen sollten. Aus der detaillierten Untersuchung des vorliegenden Textes ergeben sich somit die vier Subkategorien *Selbstursprünglichkeit, Handeln aus Gründen, Moralische Urteilsfähigkeit* und *Willensfreiheit.*

Selbstursprünglichkeit kommt aus der Philosophie und wird so verstanden, dass eine Aktion ohne zuvor stattfindende Ursache durchgeführt werden kann.[42] Interaktivität, Adaptivität und basale Autonomie fallen in diesem Zusammenhang. Die Maschine muss also mit ihrer Umwelt interagieren, sich an ändernde Bedingungen anpassen können und in der Lage sein, ohne menschliches Eingreifen eine Aktivität aufnehmen können.[43] „Wenn ein System mit der Umwelt interagiert (Interaktivität), dabei eine gewisse Anpassungsfähigkeit an sich ändernde Bedingungen aufweist (Adaptivität) und in der Lage ist, eine Aktivität, ohne direkte menschliche Intervention aufzunehmen (basale Autonomie)"[44]. Systeme könnten durch maschinelles Lernen dadurch in der Lage sein, einzig auf Basis vorhandener Daten bestimmte moralische Verhaltensweisen adaptieren, wodurch sie die Fähigkeit der Selbstursprünglichkeit erfüllen würden.

Handeln nach Gründen stellt einen weiteren Aspekt dar. „Ein künstliches System kann als funktional äquivalent zu einem menschlichen Akteur verstanden werden, wenn es über Zustände verfügt, denen eine analoge Funktion zukommt, wie Meinungen, Wünschen und

---

[40] *Misselhorn* (2018), S. 29 Abs. 5
[41] *Misselhorn* (2018), S. 29 Abs. 3
[42] Vgl. *Misselhorn* (2018), S. 30 Abs. 6
[43] Vgl. *Misselhorn* (2018), S. 31 Abs. 1
[44] *Misselhorn* (2018), S. 31 Abs. 1

22

Intentionen beim Menschen."[45] Jede Handlung basiert demnach auf Wünschen oder Intentionen. Insbesondere Maschinen, die über eine BDI-Software verfügen, sind dazu in der Lage. BDI bedeutet Belief – Desire – Intention und Maschinen mit dieser Software verfügen die Fähigkeit, aus Gründen zu handeln.[46] Für ein funktionierendes Zusammenleben innerhalb einer Gesellschaft benötigt es moralische Urteilsfähigkeit. Künstliche Intelligenzen sollten demnach über eine moralische Urteilsfähigkeit verfügen, damit sie in der Lage sind, moralische Entscheidungen zu treffen. „Moralische Handlungsfähigkeit wiederum liegt in einfacher Form vor, wenn die Gründe, nach denen ein System handelt, moralischer Natur sind."[47] Anders als beim Menschen müssen Entscheidungen von Maschinen immer Anwendungsbetrachtet getroffen werden und können nicht jeden Bereich umfassen. Anders als der Mensch können Maschinen ihre Entscheidungen nicht begründen oder reflektieren. Findet dies Beachtung, dann sind Maschinen durchaus in der Lage, moralisch zu handeln und auf dieser Grundlage Entscheidungen zu treffen, die Fähigkeit der moralischen Urteilsfähigkeit ist dabei aber nicht unbedingt gegeben. „Die Möglichkeit, sich auch gegen eine als moralisch erkannte Handlungsoption zu entscheiden und unmoralisch zu handeln. Auch diese Fähigkeit besitzen künstliche Systeme bislang nicht und sollten sie zum Schutz des Nutzers auch nicht haben."[48] Dies verdeutlicht, dass Maschinen keine Willensfreiheit besitzen, wohingegen Menschen frei nach ihrem Willen entscheiden können. Unmoralische Entscheidungen von Maschinen könnten somit schwere Folgen nach sich ziehen und im schlimmsten Fall Menschenleben kosten, insbesondere bei Betrachtung der in Hauptkategorie eins genannten Anwendungsbereiche.

4.3. Chancen (Hauptkategorie drei)

Die dritte Teilforschungsfrage (Welche Chancen und Risiken ergeben sich durch den Einsatz von moralischen Maschinen?) stellt die Grundlage für Hauptkategorie drei dar. Hier sollen verschiedene Chancen aufgezeigt werden, welche sich durch den Einsatz von moralischen Maschinen ergeben kann. Im behandelten Artikel finden sich fünf Subkategorien hierzu: *Positive Auswirkungen, Wissenschaftliche Erkenntnisse, Unvermeidbarkeit, Vermeidung von irrationalen Entscheidungen* sowie *die Vereinheitlichung von Moral.*

---

[45] *Misselhorn* (2018), S. 31 Abs. 5
[46] Vgl. *Misselhorn* (2018), S. 31 Abs. 5
[47] *Misselhorn* (2018), S. 31 Abs. 6
[48] *Misselhorn* (2018), S. 32 Abs. 1

23

In den unterschiedlichsten Anwendungsbereichen kann der Einsatz moralischer Maschinen positive Auswirkungen haben. Das Ankerzitat „Technologien sollen das menschliche Leben erleichtern. Moralische Maschinen dienen diesem Ziel besser, so könnte man argumentieren, weil sie menschlichen Bedürfnissen und Werten besser entsprechen."[49] Insbesondere bei militärischen Aktionen zum Schutz von Zivilisten, aber auch alltägliche Aufgaben könnten durch den Einsatz moralischer Maschinen erleichtert werden. Der Einsatz von autonomen Fahrzeugen spielen im Automobilbereich eine besondere Rolle. Nicht nur die Erhöhung der Sicherheit wirken sich positiv aus, auch die Forschung kann durch den Einsatz moralischer Maschinen neue *wissenschaftliche Erkenntnisse* gewinnen. Beispielsweise erhofft sich die Forschung Erkenntnisse darüber, ob moralische Fähigkeiten in irgendeiner Weise strukturierbar sind und damit auf Maschinen übertragen werden können. „Zudem besteht die Hoffnung, dass der Versuch, künstliche Systeme mit moralischen Fähigkeiten zu konstruieren, auch Rückschlüsse darüber zulässt, wie moralische Fähigkeiten bei Menschen funktionieren."[50] Die *Unvermeidbarkeit* greift der bearbeitete Artikel als weitere Chance auf. Permanent wird an neuen KI geforscht, Fortschritt und technologischer Wandel lassen sich nicht aufhalten und neue Entwicklungen nicht vermeiden. „ Die Entwicklung zunehmend intelligenter und autonomer Technologien führt demnach zwangsläufig dazu, dass diese mit moralisch problematischen Situationen konfrontiert sind."[51] Moralische Urteilsfähigkeit darf in diesem Zusammenhang nicht unbeachtet bleiben. Forschung und Entwicklung müssen sich diesem unbekannten Feld zuwenden und es berücksichtigen. „Nicht zuletzt können sie in Sekundenbruchteilen Entscheidungen treffen, in denen ein Mensch gar nicht mehr zu bewusstem Entscheiden in der Lage ist."[52] Impulsive und unbewusste Entscheidungen sind das Ergebnis von stressigen Situationen. Über Konsequenzen wird nicht nachgedacht. Dies wiederum wird zur Chance der Maschinenethik, da Maschinen weder Stress noch Emotionen empfinden und somit rationalere und moralischere Entscheidungen treffen. Aufgrund dessen wird das *Vermeiden von irrationalen Entscheidungen* als Chance betrachtet. Ebenso die *Vereinheitlichung von Moral*, was durch folgendes Ankerzitat sehr gut wiedergegeben wird: „Die Entwicklung künstlicher Systeme mit moralischen Fähigkeiten macht es erforderlich, die menschliche Moral (zumindest in den Anwendungsbereichen) zu vereinheitlichen und konsistent zu machen, weil künstliche Systeme nur auf dieser Grundlage operieren

---

[49] *Misselhorn* (2018), S. 32 Abs. 4
[50] *Misselhorn* (2018), S. 32 Abs. 6
[51] *Misselhorn* (2018), S. 32 Abs. 3
[52] *Misselhorn* (2018), S. 32 Abs. 5

können."[53] Damit durch Menschen generierte moralische Widersprüche durch Maschinenethik eliminiert werden können, muss Widerspruchsfreiheit und Einheitlichkeit geschaffen werden.

4.4. Risiken (Hauptkategorie vier)

Wie schon Hauptkategorie drei leitet sich auch Hauptkategorie vier von der dritten Teilforschungsfrage (Welche Chancen und Risiken ergeben sich durch den Einsatz von moralischen Maschinen?) ab. Dabei sollen neben den Chancen beim Einsatz moralischer Maschinen auch die Risiken dargestellt und betrachtet werden. Im vorliegenden Textbeitrag lassen sich vier Subkategorien ableiten: *Situatives Handeln, Verantwortungslücken, Kontrollverlust* und *Ethische Grundlagen.*

Situationsabhängiges und somit *situatives Handeln* ist bislang Menschen vorbehalten. Menschen können ihre Entscheidungsfreiheit nutzen und sich situationsabhängig für Alternative A oder B entscheiden. „Ein Mensch hätte die Freiheit, dies situativ zu entscheiden. Doch das Verhalten eines autonomen Systems ist im Vorhinein festgelegt."[54] Diese Freiheit haben Maschinen nicht. Sie können nicht situativ entscheiden, sie können nur im Voraus entscheiden. Zudem sind bei der Entwicklung moralischer Maschinen mehrere Personen und Teams beteiligt, was zu Problemen führen kann. Das Entstehen von *Verantwortungslücken*, dass im Nachhinein also die Verantwortung nur schwer auf Einzelne zu übertragen ist, stellt ein weiteres Risiko dar, was folgendes Ankerzitat verdeutlicht: „So ist zu befürchten, dass sich moralisch problematischer Vorfälle häufig nicht auf eine einzige Handlung oder Entscheidung zurückführen lassen, sondern Ergebnis vieler ineinandergreifender Handlungen und Entscheidungen sein werden, an denen unterschiedliche Akteure beteiligt sind."[55] Dies würde dazu führen, dass bei schweren Fehlern die Verantwortung abgewiesen werden würde. Jedoch ist das Risiko von solchen *Verantwortungslücken* stark abhängig vom jeweiligen Anwendungsbereich, je komplexer desto höher, beispielsweise autonomes Fahren im Vergleich zum Pflegebereich.[56] Das Risiko des *Kontrollverlust* könnte entstehen, wenn sich moralische Maschinen dahingehend entwickeln, dass sie beginnen, autonom zu agieren und unvorhersehbare Entscheidungen treffen. Im extremsten Fall würde dies bedeuten, dass Menschen einer unkontrollierbaren und undurchsichtigen Technologie ausgeliefert wären, was zu einem

---

[53] *Misselhorn* (2018), S. 32 Abs. 6
[54] *Misselhorn* (2018), S. 33 Abs. 2
[55] *Misselhorn* (2018), S. 33 Abs. 3
[56] Vgl. *Misselhorn* (2018), S. 33 Abs. 5

Totalverlust der Kontrolle führen würde.[57] Ethische Grundlagen stellen ein weiteres Risiko dar. Nicht nur sind ethische und moralische Überzeugungen von verschiedenen Faktoren abhängig, weiterhin gibt es diverse Entwicklungsstufen moralischer Urteilsfähigkeit. „Offen bleibt, auf welcher ethischen Grundlage künstliche Systeme entscheiden sollten."[58] Auf welcher Basis nun eine Maschinenethik entwickeln sollte bleibt daher unbeantwortet, da es unzählige Ansichten gibt, was und was nicht moralisch vertretbar ist.[59] Auch die Forschung steht aktuell noch vor dieser bis heute nicht adäquat beantworteten Frage.

---

[57] Vgl. *Misselhorn* (2018), S. 33 Abs. 4
[58] *Misselhorn* (2018), S. 33 Abs. 6
[59] Vgl. *Misselhorn* (2018), S. 33 Abs. 6

5. Diskussion und Fazit

In diesem Kapitel findet die Interpretation der Ergebnisse statt. Es werden die Forschungsfragen beantwortet, das eigene Vorgehen kritisch und anhand der Gütekriterien bewertet. Das Kapitel schließt mit einem Fazit und Ausblick.

5.1. Interpretation der Ergebnisse und Beantwortung der Forschungsfragen

In dieser Arbeit sollen die in Kapitel 2.4 formulierte Forschungsfrage („Besitzen Maschinen die Fähigkeit, moralisch zu urteilen und können sie diese moralische Urteilsfähigkeit sinnvoll nutzen?") und die drei Teilforschungsfragen („Welche Veränderungen gehen mit der Nutzung moralischer Maschinen in den einzelnen Anwendungsbereichen einher?", „Welche Fähigkeiten müssen Maschinen beherrschen, um moralisch zu handeln?" und „Welche Chancen und Risiken ergeben sich durch den Einsatz von moralischen Maschinen?") mit Hilfe der Ergebnisse der einzelnen Kategorien beantwortet werden. Hierfür soll ein Bezug zu den theoretischen Inhalten hergestellt und geprüft werden, ob die gewonnenen Ergebnisse Praxisrelevant sind.

Die Textanalyse macht deutlich, dass sich die Wissenschaft sehr intensiv damit auseinandersetzt, welche Rolle die Moral bei künstlichen Themen spielt und spielen wird. Moralische Maschinen werden zukünftig zum Einsatz kommen. Kapitel 2.1 zeigt einige Anwendungsbereiche für moralische Maschinen auf und stellt dar, wie diese menschliche Verhaltensweisen, beispielsweise in der Pflege, nachahmen. Es sprechen die unterschiedlichsten Gründe für den Einsatz moralischer Maschinen oder Künstlicher Intelligenz. Besitzen diese Maschinenethik, oder auch Artificial Morality, sind sie auch in der Lage, autonomer zu handeln. Alles in allem kann also festgehalten werden, dass das Thema um moralische Maschinen durchaus relevant ist.

Maschinen müssen über bestimmte Fähigkeiten verfügen, damit sie moralisch handeln können. Dies wird durch die Forschung vehement betont. Ethische Anforderungen würden somit nicht nur an die Maschinen weitergegeben, sondern direkt an diese gerichtet werden. Selbstursprünglichkeit, das Handeln nach Gründen, Willensfreiheit und moralische Urteilsfähigkeit gehören zu diesen gewünschten Fähigkeiten. Beim Menschen entwickeln sich diese über Jahrzehnte hinweg. Kohlbergs Stufenmodell zeigt die moralische Entwicklung sehr gut. Demnach findet diese Entwicklung in sechs Stufen statt und umfasst sämtliche Lebensbereiche. Notwendige Bedingung ist, dass getroffene Entscheidungen reflektiert werden. Bei Maschinen hingegen muss die moralische Urteilsfähigkeit in einem abgestimmten Anwendungsbereich gesehen werden. Insbesondere das notwendige reflektieren getroffener Entscheidungen ist für Maschinen derzeit nicht möglich.

Aus dem Text geht hervor, dass Chancen und Risiken gleichermaßen mit dem Einsatz moralischer Maschinen entstehen. Dass Maschinen mit ihrer intelligenten und vollumfänglichen Technologie genutzt werden können, dafür sorgt Artificial Morality. Positive Auswirkungen in alltäglichen Situationen und wissenschaftliche Erkenntnisse zu moralischer Funktionalität spielen wichtige Rollen. Daraus könnten Rückschlüsse gezogen werden, die eine Überarbeitung und eventuell Erweiterung von Kohlbergs Stufenmodell denkbar macht. Auch könnte durch eine Maschinenethik Moral vereinheitlicht und somit die Problematik behoben werden, dass menschliche Handlungen subjektiv in richtig oder falsch eingeordnet werden.

Dass Maschinen aber noch nicht in der Lage sind situativ zu handeln und Entscheidungen situationsbezogen zu treffen, stellt ein Risiko moralischer Maschinen dar. Kohlberg jedoch setzt dies für die moralische Entwicklung voraus. In Dilemmasituationen hat der Mensch eine Entscheidungsfreiheit, über die eine Maschine einfach nicht verfügt. Auch stellt sich als schwierig heraus, auf Basis welcher ethischen Grundlage Maschinen entscheiden sollen. Kohlbergs Stufenmodell enthält drei Niveaus mit jeweils zwei Stufen, welche davon jedoch für eine Maschine richtig ist, können Entwickler nicht festlegen. Hierfür müssten eindeutige, allgemeingültige und verbindliche Regelungen festgelegt werden.

Grundsätzlich lässt sich demnach festhalten, dass Maschinen sehr wohl über moralische Urteilsfähigkeit verfügen und sinnvoll einsetzen können. Jedoch ist die aktuelle Forschung noch zu weit davon entfernt, konkrete und Erfolg versprechende Ergebnisse zu liefern. Es finden sich durchaus Gemeinsamkeiten im untersuchten Text und den theoretischen Grundlagen aus Kapitel zwei. Das Stufenmodell nach Kohlberg kann aber nicht auf Maschinen übertragen werden. Künstliche Systeme benötigen nicht zwingend mehrere Stufen, um moralische Urteilsfähigkeit zu erlenen. Zudem unterliegt diese moralische Urteilsfähigkeit subjektivem empfinden, was der analysierte Textbeitrag mehrfach kritisch auffasst. Ungeachtet dessen ist für die Forschung die Entwicklung einer Maschinenethik von enorm großer Bedeutung. Allein deshalb lässt sich vermuten, dass künstliche Systeme in Zukunft bestimmte Formen moralischer Urteilsfähigkeit besitzen werden.

5.2. Kritische Bewertung des eigenen Vorgehens (Gütekriterien)

Die Vorgehensweise soll anschließend kritisch reflektiert und auf die Einhaltung der Gütekriterien qualitativer Forschung untersucht werden. In der quantitativen Forschung zählen Reliabilität, interne und externe Validität und Objektivität zu den Gütekriterien. Ob diese uneingeschränkt auf die qualitative Forschung übertragen werden können, ist umstritten,[60] wodurch Gütekriterien für die qualitative Forschung entwickelt wurden, die sich der quantitativen Forschung anlehnen und nachfolgend als Bewertungsgrundlage herangezogen werden:

Gütekriterien quantitativer Forschung	Gütekriterien qualitativer Forschung (nach Lincoln und Guba)
Reliabilität	Verlässlichkeit („dependability")
Objektivität	Nachvollziehbarkeit/Bestätigbarkeit („confirmability")
Interne Validität	Glaubwürdigkeit („credibility")
Externe Validität	Übertragbarkeit („transferability")

Abb. 4: Gütekriterien quantitativer und qualitativer Forschung.
(Quelle: *Ornau* (2014), S. 74).

Bei der Reliabilität einer Messung geht es darum zu ermitteln, ob sich eine Untersuchung so wiederholen kann, dass dieselben oder zumindest ähnliche Ergebnisse wie bei der ursprünglichen Untersuchung entstehen können. In der qualitativen Forschung spricht man dabei von der *Verlässlichkeit*. Es wird also die Konsistenz überprüft, mit welcher Klassifizierungen von analysierten Texteinheiten in Bezug auf ausgewählte Kategorien vorgenommen wurden. Das Kriterium ist dabei von der korrekten Anwendung, Exaktheit und Widerspruchsfreiheit des Codier Leitfadens abhängig.[61]

In der vorliegenden Arbeit wurde die Methodik auf Basis einer strukturierten Inhaltsanalyse nach Kuckartz durchgeführt. Die Verlässlichkeit des Vorgehens ist gegeben, da das von Kuckartz beschriebene Vorgehen befolgt wurde. Eine Überprüfung durch Fachexperten könnte diese Verlässlichkeit noch bestärken.

Eine Alternative zur Objektivität in der quantitativen Forschung stellt in der qualitativen Forschung die Nachvollziehbarkeit dar. Ergebnisse sollen plausibel dargestellt, Quellen zurückverfolgbar und Argumentationen nachvollziehbar sein.[62]

Die Ergebnisse wurden anhand eines klar definierten Ablaufs dargestellt, die kategorienbasierte Auswertung transparent wiedergegeben und mit Ankerzitaten belegt.

---

[60] Vgl. *Kuckartz* (2018), S. 201-202
[61] Vgl. *Ornau* (2014), S. 74
[62] Vgl. *Ornau* (2014), S. 75

Somit ist auch dieses Kriterium erfüllt. Wie schon zuvor das Kriterium der Verlässlichkeit würde auch dieses durch die Überprüfung von Fachexperten bekräftigt werden.

Das Gütekriterium Glaubwürdigkeit in der qualitativen Forschung stellt das Äquivalent der internen Validität in der quantitativen Forschung dar. Diese hinterfragt, ob Ergebnisse und Interpretationen vertrauenswürdig sind. Die Übertragbarkeit stellt das vierte Gütekriterium der qualitativen Forschung dar und ist mit der externen Validität der quantitativen Forschung vergleichbar. Sie besagt so viel, ob Ergebnisse und Schlussfolgerungen einer Untersuchung relevant sind und sich auf andere Bereiche übertragen lassen.[63]

Da die analysierte Thematik einem stetigen Wandel unterliegt, ist hier die Anzahl an untersuchten Textbeiträgen kritisch anzusehen. Es wurde lediglich ein Textbeitrag untersucht, die Ergebnisse sind demnach von einer einzigen Quelle anhängig und auf einen eingeschränkten Zeitraum bezogen. Da das Thema sehr komplex ist und stetig neue Erkenntnisse in diesem Bereich gewonnen werden, würden sich weitere inhaltsanalytische Forschungen empfehlen. Somit könnte das Kriterium der Übertragbarkeit gewährleistet sein.

Die durchgeführte Untersuchung entspricht weitestgehend den Gütekriterien qualitativer Forschung. Weitere Forschungen wären vorteilhaft, damit die Ergebnisse entsprechend bestärkt werden könnten.

5.3. Fazit

Im Rahmen dieser Arbeit wurden wichtige Erkenntnisse darüber gewonnen, ob Maschinen über eine moralische Urteilsfähigkeit verfügen können. Dabei handelt es sich um ein sehr aktuelles Themengebiet. Die Forschungen in diesem Bereich sind wichtiger denn je denn die Zukunft gehört den Maschinen. Jedoch steckt sie auch noch in den Kinderschuhen, was bereits mit dem Eingangszitat deutlich wird. Der Umgang mit Künstlicher Intelligenz und Artificial Morality wird zukünftig ein nicht mehr weg zu denkender Teil unserer aller Leben sein, weshalb Forschungen in diesem Bereich so wichtig sind. Verantwortungslücken können nur durch das regelmäßige Aufdecken von Chancen und Risiken geschlossen werden. Zudem müssen ethische und moralische Grundlagen festgelegt werden. Nur so können moralisch handelnde Maschinen auf Dauer sinnvoll eingesetzt werden.

Die Forschung an intelligenten Technologien und künstlichen Systemen wird immer wichtiger werden, das veranschaulicht die Untersuchung eindeutig. Die Maschinenethik darf

---

[63] Vgl. *Döring/Bortz/Pöschl* (2015), S. 109

dabei jedoch nicht vernachlässigt werden. Die unterschiedlichsten Anwendungsbereiche können von moralischen Maschinen profitieren. Künstliche Systeme können Personalmangel entgegenwirken, welcher beispielsweise in der Pflege sehr akut ist, diverse Risiken minimieren, die menschliches Eingreifen mit sich bringen, lebensbedrohliche Einsätze in Kriegssituationen durchführen ohne, dass dabei Menschenleben gefährdet werden. Oder ganz simpel, die Erleichterung des Alltags vieler Menschen, beispielsweise durch autonomes Fahren, Sprachassistent oder diverse Smart Home Apps. Neben all den positiven Aspekten dürfen die Risiken jedoch nicht außer Acht gelassen werden. Insbesondere in Dilemma Situationen, wenn also situatives Handeln gefragt ist, stehen Maschinen vor einer aktuell noch nicht lösbaren Aufgabe, nämlich zwischen zwei Möglichkeiten auszuwählen. Damit Maschinen sinnvolle Arbeit erledigen können, müssen Entscheidungsstrukturen des Menschen nachgebildet und auf Maschinen übertragen werden, was Entwickler vor größte Herausforderungen stellt, denn „The problems began, as usual, with engineering; when machines had to be constructed to do useful jobs."[64]

---

[64] *Pearl, J.* (2013) o. S.

Anlagen

Anlage 1: Detailliertes Kategorien Schema

Hauptkategorie 1: Anwendungsbereiche moralischer Maschinen		
Subkategorie	**Definition**	**Ankerzitat**
Bereiche	Verschiedene, mögliche Bereiche, in welchen Maschinen Anwendung finden	*„Künstliche Systeme werden immer wieder als eine Möglichkeit ins Spiel gebracht, um dem Pflegenotstand entgegenzutreten." (S. 29 Abs. 4*
Entstehende Risiken	Beschreibung möglicher Risiken der ausgewählten Anwendungsbereiche	*„In all diesen Situationen muss ein künstliches System zwischen bestimmten moralischen Werten abwägen." (S. 29 Abs. 5)*
Gründe für den Einsatz von KI	Aufzeigen verschiedener Situationen, in welchen der Einsatz von KI vorteilhaft ist	*„aufgrund von Personalmangel, weil schnelle Entscheidungen von Nöten sind, weil die Einsatzsituationen zu gefährlich sind oder weil menschliches Eingreifen selbst einen Risikofaktor darstellt." (S. 29 Abs. 3)*
Hauptkategorie 2: Benötigte Fähigkeiten		
Subkategorie	**Definition**	**Ankerzitat**
Selbstursprünglichkeit	Beschreibt das unvorhergesehene und unabhängige Handeln durch Interaktion und Adaption	*„wenn ein System mit der Umwelt interagiert (Interaktivität), dabei eine gewisse Anpassungsfähigkeit an sich ändernde Bedingungen aufweist (Adaptivität) und in der Lage ist, eine Aktivität ohne direkte menschliche Intervention aufzunehmen (basale Autonomie)" (S. 31 Abs. 1)*
Handeln aus Gründen	Fähigkeit, aus Gründen, Wünschen und Intentionen heraus zu handeln	*„Ein künstliches System kann als funktional äquivalent zu einem menschlichen Akteur verstanden werden, wenn es über Zustände verfügt, denen eine analoge Funktion zukommt, wie Meinungen, Wünschen und Intentionen beim Menschen." (S. 31 Abs. 5)*

Moralische Urteilsfähigkeit	Beschreibt die Fähigkeit, moralische Entscheidungen zu treffen	*„Moralische Handlungsfähigkeit wiederum liegt in einfacher Form vor, wenn die Gründem nach denen ein System handelt,m moralischer Natur sind." (S. 31 Abs. 6)*
Willensfreiheit	Fähigkeit, dass Entscheidungen nach eigenem Willen getroffen werden können	*„die Möglichkeit, sich auch gegen eine als moralisch erkannte Handlungsoption zu entscheiden und unmoralisch zu handeln. Auch diese Fähigkeit besitzen künstliche Systeme bislang nicht und sollten sie zum Schutz des Nutzers auch nicht haben." (S. 32 Abs. 1)*
Hauptkategorie 3: Chancen		
Subkategorie	**Definition**	**Ankerzitat**
Positive Auswirkungen	Beinhaltet die positiven Auswirkungen moralischer Maschinen	*„Technologien sollen das menschliche Leben erleichtern. Moralische Maschinen dienen diesem Ziel besser, so könnte man argumentieren, weil sie menschlichen Bedürfnissen und Werten besser entsprechen." (S. 32 Abs. 4)*
Wissenschaftliche Erkenntnisse	Mögliche Erkenntnisse durch den Einsatz moralischer Maschinen bezüglich menschlicher moralischer Urteilsfähigkeit	*„Zudem besteht die Hoffnung, dass der Versuch, künstliche Systeme mit moralischen Fähigkeiten zu konstruieren, auch Rückschlüsse darüber zulässt, wie moralische Fähigkeiten bei Menschen funktionieren." (S: 32 Abs. 3)*
Unvermeidbarkeit	Beschreibt, warum der Einsatz moralischer Maschinen unvermeidbar sein könnte	*„Die Entwicklung zunehmend intelligenter und autonomer Technologien führt demnach zwangsläufig dazum, dass diese mit moralisch problematischen Situationen konfrontiert sind." (S. 32 Abs. 3)*
Irrationale Entscheidungen vermeiden	Zeigt Vorteile moralischer Maschinen gegenüber menschlichen Entscheidungen auf, die irrational getroffen werden	*„Nicht zuletzt können sie in Sekundenbruchteilen Entscheidungen treffen, in denen ein Mensch gar nicht mehr zu bewusstem*

		Entscheiden in der Lage ist."(S. 32 Abs. 5)
Moral vereinheitlichen	Chancen, wie Moral durch den Einsatz von KI und Maschinenethik vereinheitlicht werden kann	„Die Entwicklung künstlicher Systeme mit moralischen Fähigkeiten macht es erforderlich, die menschliche Moral (zumindest in den Anwendungsbereichen) zu vereinheitlichen und konsistent zu machen, weil künstliche Systeme nur auf dieser Grundlage operieren können." (S. 32 Abs. 6)

Hauptkategorie 4: Risiken		
Subkategorie	**Definition**	**Ankerzitat**
Situatives Handeln	Beschreibt mögliche Risiken, die durch fehlendes situatives handeln entstehen können	„Ein Mensch hätte die Freiheit, dies situativ zu entscheiden. Doch das Verhalten eines autonomen Systems ist im Vorhinein festgelegt" (S. 33 Abs. 2)
Verantwortungslücken	Umfasst Risiken, die sich aufgrund Lücken in der Verantwortung ergeben	„So ist zu befürchten, dass sich moralisch problematische Vorfälle häufig nicht auf eine einzige Handlung oder Entscheidung zurückführen lassen, sondern Ergebnis vieler ineinandergreifender Handlungen und Entscheidungen sein werden, an denen unterschiedliche Akteure beteiligt sind." (S. 33 Abs. 3)
Kontrollverlust	Beschreibt das Risiko des Kontrollverlustes, das durch den Einsatz moralischer Maschinen entstehen kann	„Dadurch erhöht sich das Risiko, dass die Maschinen zu Entscheidungen kommen, die niemand beabsichtigt oder vorhergesehen hat und über die niemand direkte Kontrolle besitzt." (S. 33 Abs. 4)
Ethische Grundlagen	Umfasst das Risiko der Unklarheit, auf Basis derer Entscheidungen gefällt werden	„Offen bleibt, auf welcher ethischen Grundlage künstliche Systeme entscheiden sollten." (S. 33 Abs. 6)

Literaturverzeichnis

Allen, C./Smit, I./Wallach, W. (2005), Artificial Morality: Top-down, Bottom-up and Hybrid Approaches, Ehtics and Information Technologiy, 7. Jg., Nr. 3, S. 149-155.

Bendel, O. (2021), Die fünf Dimensionen sozialer Roboter. Der Versuch einer Systematisierung, in: *Bendel, O.* (Hrsg.), Soziale Roboter. Technikwissenschaftliche, wirtschaftswissenschaftliche, philosophische, psychologische und soziologische Grundlagen, Wiesbaden, S. 3-20.

Buxmann, P./Schmidt, H. (2021), Grundlagen der Künstlichen Intelligenz und des Maschinellen Lernens, in: *Buxmann, P./Schmidt, H.* (Hrsg.), Künstliche Intelligenz. Mit Algorithmen zum wirtschaftlichen Erfolg, 2. Aufl., Berlin, S. 3-22.

Döring, N./Bortz, J./Pöschl, S. (2015), Forschungsmethoden und Evaluation in den Sozial- und Humanwissenschaften. 5. Aufl., Berlin.

Gerrig, R. J./Graf, R./Zimbardo, P. G. (2013), Psychologie, 18. Aufl., München.

Fritz, U./Lauermann, K./Paechter, M./Stock, M./Weirer, W. (2019), Kompetenzorientierter Unterricht. Theoretische Grundlagen – erprobte Praxisbeispiele, Opladen.

Kuckartz, U. (2018), Qualitative Inhaltsanalyse. Methoden, Praxis, Computerunterstützung, 4. Aufl., Weinheim.

Krenn, W. (2019), Sicherheit vernetzter, hochautomatisierter Roboter, Elektrotechnik & Informationstechnik, 136. Jg. Heft-Nr. 7, S. 307-312.

Krüger, S. (2021), Die KI-Entscheidung. Künstliche Intelligenz und was wir daraus machen, Wiesbaden.

Lexa, C. (2021), Fit für die digitale Zukunft. Trends der digitalen Revolution und welche Kompetenzen Sie dafür brauchen, Wiesbaden.

Lohaus, A./ Vierhaus, M. (2019), Entwicklungspsychologie des Kindes- und Jugendalters für Bachelor, 4. Aufl., Berlin.

Luber, S./Litzel, N. (2016), Was ist Machine Learning?, https://www.bigdata-insider.de/was-ist-%20machine-learning-a-592092/, abgerufen am 28.12.2021.

Lufthansa (2021), Was es braucht, um KI-Projekte ohne eigene Infrastruktur durchzuführen. Whitepaper: Artificial Intelligence as a Service (AIaaS), https://www.lufthansa-industry-solutions.com/de-de/studien/whitepaper-artificial-intelligence-as-a-service-aiaas?gclid=EAIaIQobChMI9eyfnZmH9QIV8xoGAB1qogBdEAAYASAAEgKLQvD_BwE, abgerufen am 28.12.2021.

Mainzer, K. (2019), Künstliche Intelligenz – Wann übernehmen die Maschinen?, 2. Aufl., Berlin.

Mayring, P./Fenzl, T. (2019), Qualitative Inhaltsanalysen, in: Baur, N./Blasius, J. (Hrsg.), Handbuch Methoden der empirischen Sozialforschung, Wiesbaden, S. 633-648.

Mayring, P. (2015), Qualitative Inhaltsanalyse. Grundlagen und Techniken, 12. Aufl., Weinheim.

Misselhorn, C. (2018), Maschinenethik und "Artificial Morality": Können und sollen Maschinen moralisch handeln?, Aus Politik und Zeitgeschichte (APuZ), 68. Jg., S. 6-8.

Misselhorn, C./Peitz, D. (2018), Künstliche Intelligenz – Der Mensch muss der Maschine eigentlich vertrauen, https://www.zeit.de/digital/2018-07/kuenstliche-intelligenz-maschinen-bewusstsein-robotik-denken/komplettansicht, abgerufen am 28.12.2021.

Ornau, F. (2014), Inhaltsanalyse. Studienbrief der SRH Fernhochschule, Riedlingen.

Paaß, G./Hecker, D. (2020), Künstliche Intelligenz. Was steckt hinter der Technologie der Zukunft?, Wiesbaden.

Pearl, J. (2013), Causality: models, reasoning and references., Cambridge University Press, 2nd edition, Cambridge.

Scheuer, D. (2020), Akzeptanz von Künstlicher Intelligenz. Grundlagen intelligenter KI-Assistenten und deren vertrauensvolle Nutzung, Wiesbaden.

Teich, I. (2020), Meilensteine der Entwicklung Künstlicher Intelligenz, Informatik Spektrum, Heft Nr. 43, S. 276-284.

van Giffen, B./Borth, D./Brenner, W. (2020), Management von Künstlicher Intelligenz in Unternehmen, HMD Praxis der Wirtschaftsinformatik, Heft Nr. 57, S. 4-20.

Yudkowsky, E. (2008), Artificial Intelligence as a Positive and Negatie Factor in Global Risk. In: *Bostrom, N./Cirkovic, M. M.* (Editors), Global Catastrophic Risks, Oxford University Press, New York, p. 308-345.

Wittphal, V. (Hrsg.) (2019), Künstliche Intelligenz. Bürger, Unternehmen, Staat, Berlin.